D

E

H

I

J

K

O

P

S

T

U

Y

Z

Dieses Buch gehört:

Mein erstes Wörterbuch

Entwurf und Realisation: Design Principals, Warminster
Illustrationen: Jessica Stockham (Beehive Illustration)

Parragon
Queen Street House
4 Queen Street
Bath BA1 1HE, UK

Übersetzung aus dem Englischen und Fachberatung:
Frau Strippel-Lorfeo
Redaktion und Layout: Sabine Vonderstein

ISBN 1-40543-834-7
Printed in China

Mein erstes Wörterbuch

Geschrieben von Betty Root

p

Wie Sie dieses Buch mit Ihrem Kind nutzen sollten:

Dieses farbenfrohe Bilder-Wörter-Buch wird allen Kindern viel Freude bereiten. Kleinere Kinder werden es lieben, gemeinsam mit Ihnen die Bilder anzuschauen und über diese zu sprechen. Sie werden zunächst die Bilder auswählen, die sie schon kennen und benennen können. Etwas größere Kinder, die sich schon im ersten Lesealter befinden, werden dieses Buch benutzen, um die Bedeutung von Wörtern besser zu verstehen und um herauszufinden, wie sie richtig geschrieben werden. Einige Wörter werden die Kinder noch nicht kennen, sodass sie mit diesem Buch ihren mündlichen und schriftlichen Wortschatz erweitern.

Die Wörter sind alphabetisch geordnet. Bei häufigem Gebrauch werden die Kinder sich bald daran erinnern, an welcher Stelle des ABC ein Buchstabe steht. Jedes Wort ist mit einer farbigen Illustration und einer einfachen Erklärung versehen. Ein Beispielsatz hilft zusätzlich, die Bedeutung und Anwendung zu veranschaulichen. Mit viel Sorgfalt wurde darauf geachtet, dass die Bilder gut zu den Beispielsätzen passen.

Kinder werden dieses Wörterbuch immer wieder gerne zur Hand nehmen und darin blättern, denn die Wörter werden interessant und vielseitig erklärt. Der Umgang mit dem Wörterbuch wird Kindern helfen, viele Wörter kennen zu lernen, sie sich zu erlesen und richtig zu buchstabieren. Sie werden entdecken, wie faszinierend die Welt der Wörter ist.

Aa Bb Cc Dd Ee

Ff Gg Hh Ii Jj

Kk Ll

Mm Nn

Oo Pp

Qq Rr

Ss Tt Uu Vv

Ww Xx Yy Zz

Inhalt

Aa

Adler
Ein Adler ist ein sehr großer Vogel. Adler jagen und fressen Mäuse und Kaninchen.

Adler leben im Gebirge.

Alphabet
Alle Buchstaben zusammengenommen, die wir zum Schreiben benutzen, nennt man Alphabet.

Das Alphabet besteht aus 26 Buchstaben.
Der erste Buchstabe ist das A.

Affe
Ein Affe ist ein wild lebendes Tier mit langen Armen und Beinen. Affen leben in warmen Ländern.

Ein Affe benutzt Hände und Füße, um geschickt in den Bäumen herumzuklettern.

alt
Alt ist nicht neu. Dinge, die man schon lange Zeit benutzt, sind alt. Menschen, die schon lange leben, sind alt.

Alte getragene Schuhe sehen nicht mehr neu aus.

Ananas

Eine Ananas ist eine Frucht. Die Schale ist hart und stachelig, aber das Innere ist saftig und süß.

Du musst eine Ananas schälen, bevor du sie isst.

Astronaut

Ein Astronaut ist ein Mensch, der mit einem Raumschiff ins Weltall reist.

Manche Astronauten sind schon auf dem Mond spazieren gegangen.

Apfel

Ein Apfel ist eine runde und saftige Frucht. Äpfel wachsen an Bäumen.

Äpfel können rot oder grün sein. Welche magst du am liebsten?

Aquarium

Ein Aquarium ist ein Glaskasten, in den man Wasser füllt. Im Aquarium leben Fische und andere Wasser-tiere.

Hast du schon einmal Fische im Aquarium beobachtet?

Arzt

Ein Arzt ist jemand, der sich um dich kümmert, wenn du krank bist. Ärzte wollen dir helfen, dass du wieder gesund wirst.

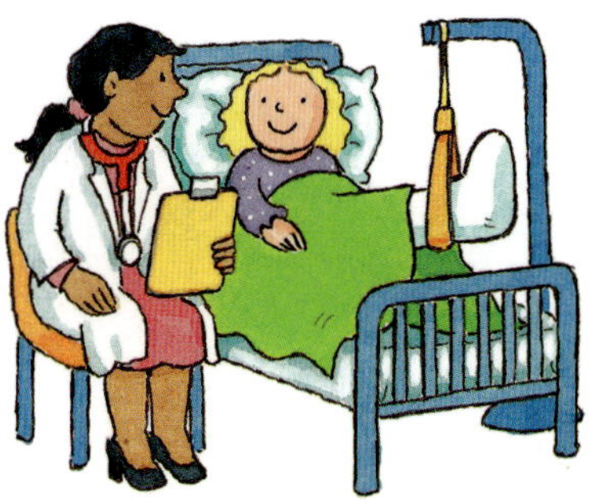

Wenn du im Krankenhaus bist, schauen regelmäßig Ärzte nach dir.

Angel

Eine Angel besteht aus einem Stab und einer langen Schnur mit einem Haken. Zum Angeln steckst du einen Köder an den Haken und wirfst ihn in das Wasser.

Wenn ein Fisch anbeißt, zieht er an der Schnur.

a b c d e f g h i j k l m n o p q r s t u v w x y z

Baby
Babys sind sehr junge Kinder. Sie können noch nicht laufen oder sprechen, aber sie können eine Menge Lärm machen.

Ein Baby sitzt im Kinderstuhl, um zu essen.

Ball
Ein Ball ist rund und springt hoch in die Luft, wenn er auf dem Boden aufprallt. Für Spiele, wie Fußball oder Tennis, brauchst du einen Ball.

Wie weit kannst du einen Ball schießen?

Bagger
Ein Bagger ist ein sehr großes Fahrzeug mit einer großen Schaufel. Ein Bagger kann schwere Steine und Erde bewegen.

Du kannst Bagger auf Baustellen sehen.

Banane
Eine Banane ist eine gebogene Frucht mit einer dicken gelben Schale. Bananen sind innen weiß und schmecken süß.

Du musst eine Banane zuerst schälen, um das Innere essen zu können.

Baum

Ein Baum ist eine hohe Pflanze mit einem dicken Stamm. Viele Bäume haben grüne Blätter.

Von diesem Apfelbaum kannst du rote Äpfel pflücken.

beißen

Wenn du beißt, hältst du etwas mit deinen Zähnen fest.

Du beißt in einen Apfel, wenn du ihn isst.

Becher

Ein Becher ist eine große Tasse ohne Untertasse. Man trinkt daraus häufig Tee oder Kaffee.

Becher sind oft mit schönen Mustern bemalt.

Bett

Ein Bett besteht aus einem Gestell und einer Matratze. Nachts schläfst du darin.

Schläft dein Teddy nachts mit in deinem Bett?

Bein

Deine Beine verbinden deinen Bauch mit deinen Füßen. Du brauchst sie zum Gehen, Laufen und Klettern.

Menschen haben zwei Beine, Tiere hingegen vier.

Biene

Eine Biene ist ein Insekt. Sie hat Flügel, sechs Beine und einen Stachel. Bienen machen Honig.

Bienen sammeln Nektar von vielen bunten Blumen.

A B C D E F G H I J K L M N O P Q R S T U V W X Y Z

Blatt
Blätter befinden sich an den Zweigen von Pflanzen. Manche Bäume verlieren im Herbst ihre Blätter und im Frühjahr wachsen ihnen dann neue Blätter.

So sehen die Blätter von einer Eiche aus.

Blume
Eine Blume ist eine Pflanze mit einem Stiel und einer Blüte. Viele Blüten haben leuchtende Farben und riechen gut.

Du kannst jemandem, den du gern hast, einen Strauß Blumen schenken.

Boot
Mit einem Boot kannst du über das Wasser fahren.

Die Eule und die Katze machen eine Bootsfahrt.

Brief
Ein Brief ist ein Blatt Papier mit einem Text darauf. Mit einem Brief sendet man jemandem eine Nachricht.

Man steckt den Brief in einen Briefumschlag, um ihn zu verschicken.

Briefmarke
Eine Briefmarke ist ein kleines Stück farbiges Papier, das man bei der Post kauft und auf einen Brief klebt, um diesen zu verschicken.

Auf ein großes Päckchen musst du viele Briefmarken kleben.

Briefumschlag
Ein Briefumschlag ist eine schützende Hülle für einen Brief. Du steckst den Brief dort hinein.

Auf den Briefumschlag schreibst du die Adresse und klebst eine Briefmarke.

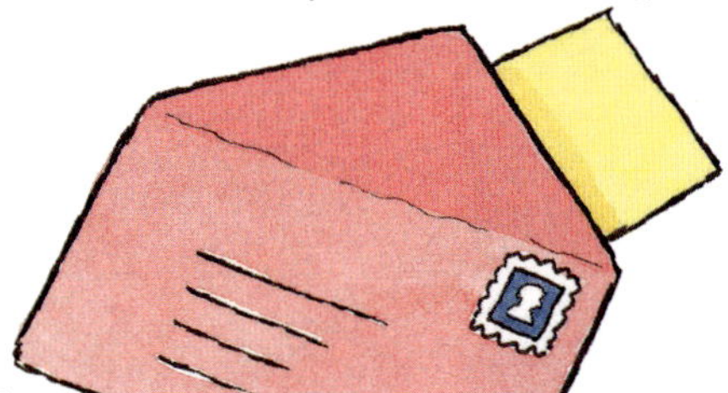

Brot
Brot ist ein Nahrungsmittel, das hauptsächlich aus Mehl und Wasser hergestellt wird. Man backt Brot im Backofen.

Du kannst eine Scheibe Brot im Toaster rösten.

Buchstabe
Du verwendest Buchstaben, um Wörter zu bilden. Es gibt 26 verschiedene Buchstaben.

Das Wort „König" fängt mit dem Buchstaben K an.

Brücke
Eine Brücke überquert einen Fluss, eine Straße oder Eisenbahnschienen. Du gehst über eine Brücke, um von einer Seite auf die andere zu gelangen.

Autos fahren über diese Brücke. Schiffe fahren unter ihr durch.

Bügeleisen
Ein Bügeleisen macht die Kleidung weich und glatt. Das Bügeleisen muss zum Bügeln heiß sein.

Vorsicht!
An einem heißen Bügeleisen kannst du dich verbrennen.

Buch
Ein Buch besteht aus vielen Seiten Papier, die zusammengefügt sind. In vielen Büchern stehen Geschichten geschrieben. Dazu sind häufig passende Bilder gemalt.

Magst du es, wenn dir abends eine Geschichte vorgelesen wird?

Butterbrot
Ein Butterbrot ist eine Scheibe Brot, die beispielsweise mit Butter bestrichen und mit Käse belegt ist. Manchmal legt man auch eine zweite Scheibe obendrauf.

Wenn du unterwegs Hunger bekommst, ist es gut, ein Butterbrot dabei zu haben.

Comic
Ein Comic ist eine gezeichnete Bildergeschichte. In Sprechblasen steht geschrieben, was die Figuren sagen.

Berühmte Comicfiguren sind Mickey Mouse und Asterix & Obelix.

Campingplatz
Auf einem Campingplatz kann man in einem Wohnwagen oder in einem Zelt übernachten.

Auf einem Campingplatz kann man immer draußen spielen.

Computer
Ein Computer ist ein Gerät, das viele Informationen speichert. Computer werden in Schulen, Büros und Geschäften verwendet.

Zu jedem Computer gehört eine Tastatur.

Clown
Ein Clown ist jemand, der lustig aussieht und tollpatschige Kunststücke vorführt.

Clowns machen verrückte Sachen, um die Zuschauer zum Lachen zu bringen.

Creme
Creme ist eine weiche Masse. Wenn du raue Hände hast und Hautcreme darauf gibst, wird die Haut durch die Creme wieder glatt und weich.

Wenn du in die Sonne gehst, musst du dich vorher mit Sonnencreme eincremen.

Dach

Ein Dach ist der obere Teil eines Gebäudes. Das Dach bedeckt die Mauern.

Vögel sitzen gerne auf dem Dach eines Hauses.

Delfin

Ein Delfin ist ein Tier, das im Meer lebt. Delfine sind schlau und meistens freundlich.

Wenn du Glück hast, kannst du beobachten, wie Delfine aus dem Wasser springen.

Daumen

Der Daumen ist der kurze, dickste Finger an deiner Hand. Du hast zwei Daumen.

Mein großer Bruder streckt seinen Daumen nach oben, wenn er „Ja!“ sagen will.

dick

Dick bedeutet groß und schwer zu sein. Ein dickes Tier ist nicht dünn.

Manche Monster sind dick, weil sie zuviel fressen.

Dinosaurier

Ein Dinosaurier ist ein Tier, das vor sehr langer Zeit gelebt hat. Heute gibt es keine lebenden Dinosaurier mehr.

Es gab Dinosaurier, die so groß waren wie sehr hohe Bäume.

Drache

Ein Drache ist ein großes, Feuerspuckendes Tier. Drachen gibt es nur in Geschichten.

Ein Drache ist gefährlich, weil er Feuer spucken kann.

Drachen

Ein Drachen ist ein Spielzeug, das in der Luft fliegen kann. Es muss windig sein, damit der Drachen in der Luft bleibt.

Denk daran, die Schnur gut festzuhalten, wenn du deinen Drachen steigen lässt.

dunkel

Wenn kein Licht da ist, dann ist es dunkel.

Nachts benutzt du eine Taschenlampe, weil es draußen dunkel ist.

dünn

Wenn etwas dünn ist, dann ist es nicht dick. Ein Bleistift ist dünn.

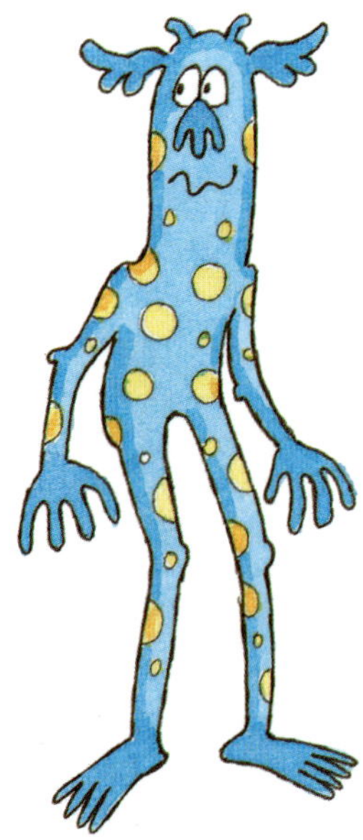

Dieses Monster hat dünne Arme und Beine.

Dusche

Eine Dusche überschüttet dich mit kaltem oder warmem Wasser. Du stellst dich unter die Dusche, um dich zu waschen.

Bevor du im Schwimmbad ins Wasser gehst, solltest du dich abduschen.

Ei

Vögel, Fische und Insekten legen unterschiedliche Eier. Ein Vogelei hat eine harte Schale. In dem Ei wächst ein Küken.

Ein Küken muss die Eierschale von innen aufbrechen, um herauszukommen.

Eidechse

Eine Eidechse ist ein kleines, wendiges Tier mit einem langen Schwanz und vier Beinen.

Manche Eidechsen sehen aus wie kleine Krokodile, aber sie tun dir nichts.

Eichhörnchen

Ein Eichhörnchen ist ein kleines Tier mit Fell und einem langen buschigen Schwanz. Eichhörnchen fressen gerne Nüsse.

Eichhörnchen haben ein braunes oder rotbraunes Fell.

Eimer

Ein Eimer ist ein Behälter, in den du Wasser oder andere Dinge füllen kannst. Er ist aus Metall oder Plastik und hat einen Henkel.

Der Eimer mit Milch ist umgefallen.

A B C D E F G H I J K L M N O P Q R S T U V W X Y Z

Einhorn

Ein Einhorn ist ein Fabeltier, das aussieht wie ein weißes Pferd mit einem langen Horn auf der Stirn.

Einhörner kommen häufig in Märchen vor.

Elefant

Ein Elefant ist ein sehr großes Tier mit großen Ohren und einem langen Rüssel. Elefanten leben in Afrika und Indien.

Der Elefant ist das größte Tier, das an Land lebt.

Eis

Wenn Wasser sehr kalt wird, gefriert es zu Eis. Eis ist kalt und hart.

Im Gefrierschrank kannst du aus Wasser kleine Eiswürfel machen.

Ellbogen

Ein Ellbogen ist der Gelenkknochen, der dir ermöglicht, deinen Arm anzuwinkeln.

Du musst deine Arme anwinkeln, wenn du etwas Schweres hochheben möchtest.

Eiscreme

Eiscreme ist kalt und süß. Man kann sie essen. Sie wird aus gefrorener Sahne und Zucker gemacht.

Welche Eissorte magst du am liebsten?

Ente

Eine Ente ist ein Vogel, der fliegen und schwimmen kann. Enten haben besondere Füße, mit denen sie gut schwimmen können.

Entenmännchen haben bunte Federn.

Erbse
Eine Erbse ist ein grünes Gemüse. Erbsen sind klein und rund. Sie wachsen in einer länglichen, dünnen Schote.

Du kannst Erbsen roh und gekocht essen.

Erdbeere
Eine Erdbeere ist eine saftige rote Frucht. Erdbeeren schmecken süß.

Erdbeeren wachsen am Boden, sodass man sie leicht pflücken kann.

Esel
Ein Esel ist ein Tier, das aussieht wie ein kleines Pferd. Esel sind grau und haben lange Ohren.

Bist du schon einmal auf einem Esel geritten?

Fahrrad
Ein Fahrrad ist ein Fahrzeug mit zwei Rädern, die sich bewegen, wenn du die Pedale bewegst.

Wenn du Fahrrad fahren lernst, musst du gut aufpassen, damit du nicht hinfällst.

Fallschirm
Ein Fallschirm besteht aus einem großen Stück Stoff. Man kann damit aus großer Höhe langsam heruntergleiten.

Jemand, der aus einem Flugzeug springt, trägt einen Fallschirm.

Farbe

Farbe ist eine bunte Flüssigkeit. Sie wird oft in kleinen Gefäßen aufbewahrt. Du brauchst Farben und einen Pinsel, um ein Bild malen zu können.

Welche Farben wurden für das Bild verwendet?

Feder

Ein Vogel hat viele Federn an seinem Körper. Federn halten Vögel warm und sie helfen den meisten Vögeln zu fliegen.

Manche Federn haben wunderschöne Farben.

Fee

Feen kommen oft in Geschichten vor. Sie haben Flügel und sind häufig sehr klein.

Eine Fee schwingt ihren Zauberstab, um zu zaubern.

fegen

Du brauchst einen Besen, um den Boden zu fegen. Wenn du fegst, machst du den Boden sauber.

Ich fege das Laub zusammen, wenn es von den Bäumen fällt.

Fernseher

Ein Fernseher ist ein Gerät, das dir ermöglicht, Bilder, die vom Fernsehsender ausgestrahlt werden,
zu sehen.

Welche Fernsehsendung guckst du am liebsten?

Feuer

Ein Feuer besteht aus Flammen und ist sehr heiß. Es wird durch einen Funken angezündet.

Wenn du trockenes Holz sammelst, kannst du draußen ein Lagerfeuer machen.

Finger

Ein Finger ist ein Teil deiner Hand. Du hast fünf Finger an jeder Hand.

Du kannst deine Finger dazu benutzen, um bis zehn zu zählen.

Fisch

Ein Fisch ist ein Tier, das im Wasser lebt. Fische können unter Wasser atmen. Sie haben eine Schwanzflosse, um schnell schwimmen zu können.

Manche Leute haben Fische in einem Aquarium.

Flasche

Eine Flasche ist ein Behälter für Flüssigkeiten wie Wasser, Fruchtsaft oder Saucen. Die meisten Flaschen sind aus Glas oder Plastik.

Flaschen können viele verschiedene Größen und Farben haben.

Fledermaus

Eine Fledermaus ist ein kleines Tier mit Flügeln. Fledermäuse fliegen nachts.

Hast du schon einmal nachts eine Fledermaus fliegen gesehen?

Flugzeug

Ein Flugzeug ist eine Maschine mit Flügeln. Ein Flugzeug startet am Flughafen und fliegt hoch in der Luft.

Man fliegt mit dem Flugzeug, um schnell zu einem weit entfernten Ort zu gelangen.

Fotoapparat

Mit einem Fotoapprat kannst du fotografieren. Man muss vorher einen Film einlegen.

Hast du schon einmal fotografiert?

A B C D E F G H I J K L M N O P Q R S T U V W X Y Z

Frage
Du stellst eine Frage, wenn du etwas herausfinden möchtest. „Wie viel Uhr ist es?" ist eine Frage.

Kinder stellen viele Fragen, die mit dem Wort „Warum....?" beginnen.

Frucht
Früchte wachsen an Büschen oder Bäumen. Äpfel und Bananen sind Früchte. Viele Früchte sind saftig und schmecken gut.

Welche Frucht würdest du hiervon gerne essen?

freundlich
Jemand, der freundlich ist, denkt an andere und hilft ihnen.

Es ist freundlich, jemandem Blumen zu schenken.

Fuchs
Ein Fuchs ist ein Tier, das im Wald lebt. Er sieht aus wie ein Hund mit einem dicken buschigen Schwanz und hat ein rötliches Fell.

Füchse gehen nachts auf Beutejagd.

Frosch
Ein Frosch ist ein kleines Tier, das im Wasser und an Land leben kann. Frösche leben gerne in Teichen.

Ein Frosch kann sehr weit hüpfen.

Fuß
Deine Füße befinden sich am Ende deiner Beine. Du stehst auf deinen Füßen.

An deinen Füßen hast Du insgesamt 10 Zehen.

Gg

Gabel

Eine Gabel ist meistens aus Metall. Sie hat einen Griff und am unteren Ende vier Zacken.

Zum Mittagessen gebrauchst du meistens eine Gabel.

Gans

Eine Gans ist ein großer weißer Vogel, der fliegen und schwimmen kann.

Gänse leben auf dem Bauernhof.

gähnen

Wenn du gähnst, machst du deinen Mund ganz weit auf. Man gähnt, wenn man müde ist.

Du gähnst, bevor du abends ins Bett gehst.

Garage

Eine Garage ist ein Gebäude oder ein Gebäudeteil, in dem ein Auto abgestellt werden kann.

Habt ihr eine Garage für euer Auto?

A B C D E F G H I J K L M N O P Q R S T U V W X Y Z

Garten

Ein Garten ist die Grünfläche um ein Haus herum. Meistens gibt es dort eine Rasenfläche, Büsche, Bäume und Blumenbeete.

Du kannst im Garten auch Gemüse anpflanzen.

Gelee

Gelee ist ein süßer Brotaufstrich aus Fruchtsaft und Zucker. Gelee schmeckt sehr lecker.

Gelee sieht aus wie Wackelpudding.

Geige

Eine Geige ist ein Musikinstrument. Eine Geige hat vier Saiten und du spielst auf ihnen, indem du mit einem langen Stock, der Bogen genannt wird, über die Saiten streichst.

Du hältst eine Geige unter deinem Kinn, um darauf zu spielen.

Gemüse

Verschiedene Pflanzen, die man essen kann, nennt man Gemüse. Kartoffeln, Erbsen und Möhren sind Gemüsesorten.

Welches Gemüse magst du gerne?

Geld

Mit Geld kannst du Dinge bezahlen, die du kaufen möchtest. Es gibt Metallmünzen und Geldscheine.

Verwahrst du dein Geld in einem Portemonnaie?

Geschenk

Ein Geschenk gibt man jemandem zu einem besonderen Anlass. Meistens ist es in buntem Papier eingepackt.

Du bekommst Geschenke, wenn du Geburtstag hast.

geschlossen

Wenn etwas geschlossen ist, ist es nicht offen. Du kannst nicht durch eine geschlossene Tür gehen.

Achte darauf, dass du die Haustür hinter dir schließt, wenn du aus dem Haus gehst.

Gespenst

Manche Menschen glauben, dass Gespenster in alten Häusern wohnen.

Es gibt Gespenster, die sind freundlich, andere sind ein bisschen unheimlich.

Gewitter

Bei einem Gewitter regnet, blitzt und donnert es draußen.

Bei Gewitter bleibst du besser im Haus.

Giraffe

Eine Giraffe ist ein Tier mit einem sehr langen Hals und langen, dünnen Beinen.

Eine Giraffe kann die Blätter von hohen Bäumen fressen.

Glas

Ein Glas ist ein offenes Trinkgefäß ohne Griff. Es ist meistens durchsichtig.

Wenn du ein Glas auf den Boden fallen lässt, geht es kaputt.

Glocke

Eine Glocke ist meistens aus Metall. In der Mitte befindet sich ein Klöppel. Eine Glocke gibt einen lauten Ton von sich, wenn man sie bewegt.

Das Läuten der Kirchenglocken kann man sehr weit hören.

glücklich
Wenn du glücklich bist, freust du dich über etwas.

Du bist glücklich, wenn du bei einem Sportfest eine Medaille gewinnst.

groß
Etwas ist groß, wenn es nicht klein ist. Ein Elefant ist ein großes Tier.

Wenn dein Pullover zu groß ist, dann bedecken die Ärmel deine Hände.

Gorilla
Ein Gorilla ist ein großer, starker Affe. Ein Gorilla hat am ganzen Körper Haare.

Gorillas leben im Dschungel in Afrika.

Gurke
Eine Gurke ist ein längliches Gemüse. Gurken haben eine grüne Schale.

Du kannst eine Gurke in ganz dünne Scheiben schneiden und daraus Gurkensalat machen.

graben
Graben bedeutet, ein Loch in den Boden oder in den Sand zu buddeln. Du kannst dafür eine Schaufel oder einen Spaten benutzen.

Ein Hund verwendet seine Pfoten, um Löcher zu graben.

Gürtel
Ein Gürtel ist ein langes, schmales Stück Leder oder Plastik. Du trägst ihn um deine Taille.

Du trägst einen Gürtel, damit deine Hose nicht runterrutscht.

Haifisch

Ein Haifisch ist ein großer Fisch. Er hat viele spitze Zähne und sieht sehr gefährlich aus.

Manche Haifische greifen Menschen an.

Hand

Du hast jeweils eine Hand am Ende deiner Arme. Jede Hand hat fünf Finger.

Mit deinen Händen kannst du etwas festhalten.

Hals

Dein Hals ist der Teil deines Körpers, der sich zwischen deinem Kopf und deinen Schultern befindet.

Katie trägt eine rote Kette um den Hals.

Handtuch

Ein Handtuch ist ein Stück Stoff, mit dem du dich abtrocknest. Handtücher sind oft weich und bunt.

Hast du ein Lieblings-handtuch?

A B C D E F G H I J K L M N O P Q R S T U V W X Y Z

Haus

Ein Haus ist ein Gebäude, in dem Menschen wohnen. Meistens sind Häuser aus Stein oder Holz gebaut.

Viele Häuser haben mehrere Stockwerke.

hell

Wenn es hell ist, dann ist genügend Licht da, um gut sehen zu können.

Wenn morgens die Sonne aufgeht, wird es draußen hell.

heiß

Wenn etwas heiß ist, dann ist es sehr warm. Wenn die Sonne im Sommer scheint, ist es manchmal heiß.

Wenn du sehr heißes Essen isst, kannst du dir die Zunge oder die Lippen verbrennen.

Hemd

Ein Hemd ist ein Kleidungsstück. Man trägt es als Oberteil. Ein Hemd kann man vorne zuknöpfen.

Viele Menschen tragen gerne bunte, kurzärmelige Hemden, wenn es draußen heiß ist.

Heizung

Eine Heizung macht einen Raum warm. Der Heizkörper ist aus Metall und mit heißem Wasser gefüllt. Er ist an der Wand befestigt.

Wenn der Heizkörper warm ist, erwärmt er die Luft in deinem Zimmer.

Hexe

Eine Hexe ist eine Märchenfigur. Hexen tragen spitze Zauberhüte und fliegen auf Besenstielen.

Eine Hexe hat oft eine schwarze Katze bei sich.

Himbeere

Eine Himbeere ist eine kleine rote Frucht. Himbeeren wachsen an Büschen.

Himbeeren sind sehr saftig und schmecken lecker.

Huhn

Hühner leben auf dem Bauernhof. Sie können nicht weit fliegen.

Das Huhn legt Eier und der Hahn kräht laut.

Hose

Eine Hose ist ein Kleidungsstück. Die Hosenbeine bedecken deine Beine und reichen bis zu den Füßen.

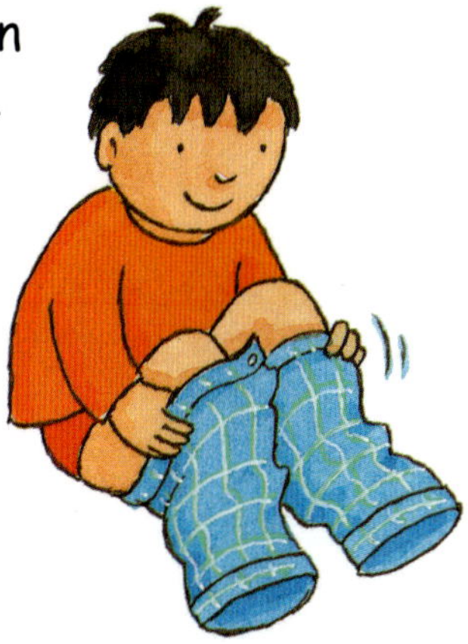

Es ist einfacher, eine Hose anzuziehen, wenn du dich dabei hinsetzt.

Hund

Ein Hund ist ein Tier mit vier Beinen und einem Schwanz. Viele Menschen haben einen Hund als Haustier.

Es gibt Hunde in verschiedenen Größen und mit unterschiedlichem Fell.

Hubschrauber

Ein Hubschrauber ist eine Maschine, die fliegen kann. Auf dem Dach des Hubschraubers befinden sich Rotorblätter, die sich sehr schnell drehen können.

Ein Hubschrauber kann senkrecht hochfliegen.

Hunger

Wenn du Hunger hast, möchtest du etwas essen.

Bist du hungrig, bevor es Mittagessen gibt?

A B C D E F G H I J K L M N O P Q R S T U V W X Y Z

Ii

Igel

Ein Igel ist ein kleines Tier mit vielen Stacheln. Igel leben im Garten und am Waldrand.

Wenn ein Igel Angst hat, rollt er sich zu einer Kugel zusammen.

Indianer

Indianer sind die Ureinwohner von Amerika.
Sie schmücken sich mit Federn.

Früher lebten die meisten Indianer in Zelten.

Iglu

Ein Iglu ist ein Haus aus Eisblöcken. Ein Iglu hat eine Form wie eine Halbkugel.

Die Eskimos bauen sich im Winter Iglus, um darin zu wohnen.

Insel

Eine Insel ist ein Stück Land, das ringsherum von Wasser umgeben ist.

Du kannst mit einem Boot um eine Insel herum fahren.

Jj

Jacke

Eine Jacke ist ein Kleidungsstück. Du ziehst dir eine Jacke an, wenn es draußen kalt ist.

Manche Jacken haben eine Kapuze.

Jahr

Ein Jahr ist die Zeitspanne, die die Erde braucht, um sich ein Mal um die Sonne zu bewegen. Ein Jahr hat 12 Monate.

Auf einem Kalender steht, welcher Tag und welcher Monat heute ist.

Jäger

Ein Jäger ist jemand, der die Tiere im Wald beobachtet und auf die Jagd geht.

Ein Jäger kann gut schießen.

Jeans

Eine Jeans ist eine ganz bestimmte Art von Hose. Jeans sind aus blauem Stoff.

Jungen und Mädchen tragen gerne Jeans.

a b c d e f g h i j k l m n o p q r s t u v w x y z

Joghurt

Ein Joghurt ist eine cremige Masse, die aus Milch gemacht wird. Es gibt auch Joghurt mit Zucker und Früchten.

Isst du gerne Joghurt?

Jojo

Ein Jojo ist ein rundes Spielzeug an einer langen Schnur. Du hältst das Jojo an der Schnur und bewegst es hoch und runter.

Damit das klappt, musst du ein bisschen üben.

kalt

Wenn etwas kalt ist, dann ist es nicht warm. Im Winter ist es kalt, wenn draußen Schnee liegt.

Wird dir kalt, wenn du im Schnee spielst?

jung

Du bist jung, wenn du noch nicht lange auf der Welt bist. Das Gegenteil von jung ist alt.

Ein Baby ist noch sehr jung.

Kamel

Ein Kamel ist ein großes Tier mit zwei Höckern auf dem Rücken. Kamele leben in der Wüste.

Man kann auf einem Kamel reiten.

Känguru

Ein Känguru ist ein Tier, das in Australien lebt. Es hat sehr starke Hinterbeine und kann weit springen.

Eine Känguru-Mutter trägt ihr Junges in einem Beutel an ihrem Bauch.

Kartoffel

Eine Kartoffel ist ein Gemüse, das unter der Erde wächst. Kartoffeln haben eine rötliche oder bräunliche Schale und sind innen gelb.

Aus Kartoffeln kann man Pommes frites und Chips machen.

Kaninchen

Ein Kaninchen ist ein kleines Tier mit einem weichen Fell und langen Ohren. Die meisten Kaninchen leben im Freien, aber manche werden auch als Haustiere gehalten.

Kaninchen fressen gerne Salat.

Katze

Eine Katze ist ein kleines Tier mit einem weichen Fell. Katzen haben einen schmalen, langen Schwanz und spitze Ohren.

Hast du schon einmal eine Katze gestreichelt?

Kanu

Ein Kanu ist ein schmales, längliches Boot. Man verwendet ein Paddel, um sich mit dem Kanu im Wasser fortzubewegen.

Wenn man nicht aufpasst, kann man leicht mit einem Kanu umkippen.

Kaulquappe

Eine Kaulquappe ist ein Baby-Frosch. Sie lebt im Wasser und hat zunächst einen Schwanz und keine Beine.

Wenn einer Kaulquappe Beine wachsen und sie ihren Schwanz verliert, verwandelt sie sich in einen Frosch.

Kiste
Eine Kiste ist ein Behälter, in dem man Sachen aufbewahrt. Sie kann aus Pappe, Plastik, Holz oder Metall sein.

Bewahrst du dein Spielzeug in einer Kiste auf?

Knie
Deine Knie sind ein Teil deiner Beine. Sie sind dort, wo du deine Beine anwinkeln kannst.

Tänzer müssen ihre Beine besonders gut trainieren.

klein
Wenn etwas klein ist, dann ist es nicht groß. Manche Dinge sind klein und werden mit der Zeit größer.

Ich bin noch klein, aber meine Eltern sind schon groß.

Knopf
Ein Knopf ist klein und meistens rund. Man verwendet Knöpfe, um Kleidungsstücke zu schließen.

Du steckst den Knopf durch das Knopfloch.

klettern
Du brauchst deine Hände und Füße, um auf etwas hinaufzuklettern.

Kletterst du manchmal auf ein Klettergerüst?

Koalabär
Koalabären leben in Australien. Sie haben eine große schwarze Nase, ein grau-weißes Fell und große runde Ohren.

Koalas leben auf Bäumen und fressen gerne Blätter.

Königin

Eine Königin ist eine Frau, die ein Land regiert. Sie kann auch die Ehefrau eines Königs sein.

An besonderen Feiertagen trägt sie eine Krone auf ihrem Kopf.

krabbeln

Krabbeln bedeutet, dass man sich auf Armen und Beinen am Boden bewegt.

Babys krabbeln, bevor sie laufen lernen.

Kopf

Dein Kopf ist ein Teil deines Körpers. Deine Augen, Nase und Ohren befinden sich an deinem Kopf.

Trägst du manchmal eine Mütze auf deinem Kopf, wenn du rausgehst?

Krebs

Ein Krebs ist ein Tier mit einem harten Panzer, das am Meer lebt. Krebse haben zwei Kneifzangen und acht Beine.

Hast du schon einmal Krebse am Strand gesehen?

Korb

Du benutzt einen Korb, um mehrere Dinge auf einmal zu tragen. Manche Körbe sind aus Weidenzweigen geflochten.

Meine Mutter nimmt einen Korb mit, wenn sie einkaufen geht.

Krokodil

Ein Krokodil ist ein gefährliches Tier. Es hat viele spitze Zähne, ein großes Maul und einen sehr starken Schwanz. Krokodile leben in heißen Ländern.

Krokodile liegen gerne ganz starr im Wasser.

A B C D E F G H I J K L M N O P Q R S T U V W X Y Z

Kröte
Eine Kröte ist ein großer Frosch. Eine Kröte läuft an Land, ein Frosch hingegen hüpft.

Wenn du eine Kröte vorsichtig berührst, kannst du ihren Herzschlag fühlen.

Kuh
Kühe leben auf dem Bauernhof. Tagsüber sind die Kühe auf der Weide und fressen Gras. Die Kuh-Mütter geben uns Milch.

Eine männliche Kuh nennt man Bulle.

Krug
Wasser oder andere Getränke kannst du in einem Krug aufbewahren. Ein Krug hat eine spezielle Gießöffnung.

Du füllst dein Getränk aus dem Krug in ein Glas.

Kühlschrank
Ein Kühlschrank ist ein Schrank aus Metall mit einem Motor für die Kühlung.

Lebensmittel bleiben länger frisch, wenn du sie im Kühlschrank aufbewahrst.

Kuchen
Du kannst einen Kuchen aus Mehl, Zucker, Eiern und Butter machen. Die Zutaten werden vermengt und im Ofen gebacken.

Ein Geburtstagskuchen sieht, mit Kerzen verziert, besonders schön aus.

Kürbis
Ein Kürbis ist eine große Frucht mit einer orangefarbenen Schale. Man kann aus dem Fruchtfleisch eine Suppe kochen.

Wenn du den Kürbis aushöhlst, kannst du daraus ein leuchtendes Gesicht machen.

Ll

lachen
Wenn etwas sehr lustig ist, musst du darüber lachen.

Clowns bringen dich zum Lachen, weil sie so lustige Sachen machen.

Landkarte
Eine Landkarte ist eine Zeichnung, die dir zeigt, wo sich Orte befinden. Auf manchen Landkarten ist aufgezeichnet, wie du von einer Stadt zur anderen fahren kannst.

Auf dieser Landkarte siehst du eine Insel mitten im Meer.

Lampe
Eine Lampe strahlt Licht ab. Du kannst sie an- und ausschalten.

Hast du eine kleine Nachttischlampe neben deinem Bett?

lang
Lang ist das Gegenteil von kurz. Eine Giraffe hat einen langen Hals, deshalb kann sie die Blätter von den Bäumen fressen.

Wenn deine Haare lang sind, berühren sie deine Schultern.

langsam

Langsam bedeutet nicht schnell. Jemand ist langsam, wenn er für eine kurze Strecke viel Zeit braucht.

Eine Schildkröte bewegt sich sehr langsam.

laut

Ein lautes Geräusch kann man gut hören. Wenn du auf die Trommel haust, ist das laut.

Hältst du dir manchmal die Ohren zu, wenn es zu laut ist?

Lastwagen

Ein Lastwagen ist ein sehr großes Auto, mit dem man schwere Steine oder andere Dinge transportieren kann. Die Abkürzung für Lastwagen ist LKW.

LKWs bringen den Supermärkten täglich frische Ware.

leer

Wenn etwas leer ist, dann ist nichts mehr darin.

Wenn in deinem Glas kein Saft mehr ist, dann ist es leer.

Laterne

Eine Laterne besteht aus buntem Papier. Du kannst sie mit einer Kerze oder einer Glühbirne zum Leuchten bringen.

An Sankt Martin siehst du viele Kinder mit Laternen.

leise

Wenn du leise bist, machst du kein Geräusch oder du flüsterst nur. Leise bedeutet, nicht laut zu sein.

Pssst!! Das Baby schläft!

Leiter

Eine Leiter hat viele Sprossen, auf die du steigen kannst, um an einen höher gelegenen Ort zu gelangen.

Der Fensterputzer hat eine Leiter, um hoch gelegene Fenster zu putzen.

Löffel

Ein Löffel hat einen langen Griff und an einem Ende einen runden gewölbten Teil. Du benutzt einen Löffel, um Suppe, Eiscreme oder Müsli zu essen.

Es gibt Löffel aus Metall, Plastik und Holz.

lesen

Lesen bedeutet Wörter anzuschauen und zu wissen, was sie bedeuten.

Sitzt du gerne in einem gemütlichen Sessel und liest ein Buch?

Löwe

Ein Löwe ist ein großes Raubtier, das in Afrika lebt. Löwen gehören zu den Wildkatzen.

Löwen sind gefährlich, wenn sie hungrig sind.

Lineal

Ein Lineal ist ein flaches, längliches Stück aus Holz oder Plastik. Am Rand ist es in gleichmäßige Abschnitte unterteilt. Du benutzt ein Lineal, um gerade Linien zu zeichnen oder um etwas abzumessen.

Kannst du eine gerade Linie ohne ein Lineal zeichnen?

Luftballon

Ein Luftballon ist aus Gummi. Du kannst ihn aufpusten, dann wird er größer.

Ein Luftballon, der mit Heliumgas gefüllt ist, fliegt weg, wenn du ihn loslässt.

a b c d e f g h i j k l m n o p q r s t u v w x y z

Mm

Magier
Ein Magier ist jemand, der viele Zaubertricks kennt und sie einem erstaunten Publikum vorführt.

Manche Magier können Kaninchen aus ihrem Hut zaubern.

Mantel
Du trägst einen Mantel über deinen Kleidern, wenn du rausgehst.

Ein Mantel hält dich warm, wenn es draußen kalt ist.

Magnet
Ein Magnet zieht eisenhaltige Dinge an. Ein Magnet hat eine so große Anziehungskraft, dass diese Dinge an ihm kleben bleiben.

Hast du schon einmal mit einem Magneten experimentiert?

Märchen
Märchen sind Geschichten, in denen von Prinzen, Hexen oder Zwergen erzählt wird.

„Schneewittchen und die sieben Zwerge“ ist ein sehr bekanntes Märchen.

Marienkäfer
Ein Marienkäfer ist ein kleines Insekt, das fliegen kann. Er hat rote Flügel mit schwarzen Punkten darauf.

Wie viele Punkte kannst du auf diesem Marienkäfer entdecken?

Medaille
Eine Medaille ist eine kleine glänzende Metallscheibe, die man als Auszeichnung bekommt. Man gewinnt zum Beispiel eine Medaille, wenn man bei einem Rennen als Erster am Ziel ankommt.

Diese Medaille ist an einem farbigen Band befestigt.

Marionette
Eine Marionette ist eine Puppe. Sie hat bewegliche Arme und Beine, an denen durchsichtige Fäden befestigt sind. Wenn man die Fäden bewegt, sieht die Marionette lebendig aus.

Die berühmteste Marionette ist Pinocchio.

Meerschweinchen
Meerschweinchen sind kleine Tiere mit Fell und ohne Schwanz. Man kann sie als Haustiere halten.

Meerschweinchen fressen gerne Salat und Möhren.

Maus
Eine Maus ist ein kleines Tier mit Fell und einem langen Schwanz. Mäuse leben im Haus und draußen.

Manche Mäuse bauen ihr Nest in Kornfeldern.

Messer
Du brauchst ein Messer, um Dinge durchzuschneiden. Ein Messer hat einen Griff und eine Klinge, die an einer Seite scharf ist.

Messer sind gefährlich. Sei vorsichtig, wenn du eines benutzt!

A B C D E F G H I J K L M N O P Q R S T U V W X Y Z

Milch

Milch ist eine weiße Flüssigkeit, die von Tieren stammt. Kühe, Ziegen und andere Säugetiere produzieren Milch, um damit ihre Babys zu füttern.

Kleine Kinder trinken gerne viel Milch.

Möhre

Eine Möhre ist ein langes, schmales Wurzelgemüse, das unter der Erde wächst. Du kannst Möhren roh oder gekocht essen.

Kaninchen fressen gerne Möhren.

Mond

Der Mond scheint nachts am Himmel. Er bewegt sich langsam um die Erde.

Der Mond sieht jede Nacht anders aus.

Nachbar

Ein Nachbar ist jemand, der neben dir sitzt oder wohnt.

Wie heißt dein Nachbar?

Nase

Deine Nase ist in deinem Gesicht. Du atmest durch sie und du kannst mit ihr riechen.

Du brauchst deine Nase, um herauszufinden, ob etwas gut riecht.

nass
Wenn etwas nass ist, ist es mit Wasser bedeckt. Es ist nicht trocken.

Wenn es regnet und du deinen Regenschirm vergisst, wirst du nass.

Nest
Vögel und Mäuse bauen Nester, um darin zu wohnen. Nester bestehen aus Zweigen, Moos und Blättern.

Jungvögel bleiben im Nest, bis sie fliegen können.

neu
Neu ist das Gegenteil von alt. Neue Sachen sind noch nie benutzt worden.

Neue Schuhe sehen immer besonders sauber und gepflegt aus.

Nilpferd
Ein Nilpferd ist ein sehr großes Tier mit einem großen Bauch und kurzen Beinen. Nilpferde schwimmen gerne in schlammigem Wasser.

Ein Nilpferd kann seinen Mund sehr weit öffnen.

Nixe
Nixen, auch Meerjungfrauen genannt, kommen in Märchen und Sagen vor. Sie sind zur oberen Hälfte ihres Körpers Frau und zur unteren Hälfte Fisch.

Nixen tauchen aus dem Wasser auf, um ihr goldenes Haar zu kämmen.

Nuss
Nüsse sind Früchte mit einer harten Schale. Um das Innere essen zu können, musst du die Schale knacken.

Für Walnüsse und Haselnüsse brauchst du einen Nussknacker.

offen

Offen ist das Gegenteil von geschlossen. Wenn ein Fenster offen ist, kann es ins Zimmer regnen.

Wenn die Haustür offen ist, kannst du ins Haus gehen.

oben

Oben ist der höchst gelegene Teil von etwas. Oben ist das Gegenteil von unten.

Du kannst etwas oben auf den Schrank stellen.

Ohr

Das Ohr ist ein Teil deines Kopfes. Du hast zwei Ohren und kannst mit ihnen hören.

Du brauchst deine Ohren, damit du alle Geräusche um dich herum hören kannst.

Ofen

Einen Ofen findest du fast in jeder Küche. Er wird innen sehr heiß, sodass du darin etwas backen kannst.

In meinem Ofen backe ich einen Kuchen.

Orange

Eine Orange ist eine runde, saftige Frucht. Um das saftige Innere essen zu können, musst du zuerst die äußere, dicke Schale entfernen.

Orangen sind gesund und schmecken gut.

Pp

Pandabär

Ein Pandabär ist ein großes Tier mit schwarz-weißem Fell. Pandas leben in China. Sie sind vom Aussterben bedroht.

Pandas fressen gerne Bambussprossen.

Park

Ein Park ist eine große Grünfläche. Du kannst dort spazieren gehen und spielen.

Gibt es in deiner Nähe auch einen Park?

Papagei

Ein Papagei ist ein Vogel mit bunten Federn. Papageien leben in warmen Ländern.

Manchen Papageien kann man das Sprechen einiger Wörter beibringen.

Pferd

Ein Pferd ist ein großes Tier, das schnell laufen kann. Junge Pferde nennt man Fohlen.

Bist du schon einmal auf einem Pferd geritten?

Pfütze

Eine Pfütze ist eine kleine Ansammlung von Wasser. Wenn es regnet, gibt es viele Pfützen.

Du brauchst Gummistiefel, wenn du bei Regenwetter durch die Pfützen gehen möchtest.

Pinguin

Ein Pinguin ist ein schwarz-weißer Vogel, der in der Nähe vom Meer lebt. Pinguine können nicht fliegen, aber sie können tauchen und schwimmen.

Die meisten Pinguine leben an kalten und eisigen Orten.

Pilot

Ein Pilot ist jemand, der ein Flugzeug lenkt. Die meisten Piloten tragen eine Uniform.

Ein Pilot benutzt viele technische Geräte, um ein Flugzeug sicher steuern zu können.

Pizza

Eine Pizza ist etwas zum Essen. Der Boden besteht aus Teig, der mit vielen verschiedenen Dingen, z. B. mit Käse oder Schinken, belegt werden kann und dann im Ofen gebacken wird.

Magst du „Pizza Margherita"?

Pilz

Ein Pilz ist eine besondere Pflanze, die aussieht wie ein kleiner Regenschirm. Manche Pilze kann man essen, andere wiederum sind giftig.

Es ist gefährlich, Pilze, die im Wald wachsen, zu essen.

Puzzle

Ein Puzzle besteht aus vielen Papp- oder Holzteilen. Du musst die einzelnen Teile zu einem Bild zusammenfügen.

Ein Puzzle kann über 100 verschiedene Teile haben.

Quark

Quark wird aus Milch gemacht. Du kannst Quark als Brotaufstrich, zum Backen oder als Nachtisch verwenden.

Quark mit Früchten ist eine leckere Nachspeise.

Quadrat

Ein Quadrat ist ein Viereck mit vier gleich langen Seiten. Auf einem Würfel ist jede der sechs Flächen ein Quadrat.

Die meisten Fliesen sind quadratisch.

Quelle

Eine Quelle ist der Anfang von einem Bach. Das Wasser kommt an der Quelle aus dem Boden.

Quellwasser ist sauber und man kann es trinken.

Qualle

Eine Qualle ist ein Tier, das im Meer lebt. Ihr Körper ist weich, fast durchsichtig und fühlt sich an wie Wackelpudding.

Es gibt auch gefährliche Quallen, an denen man sich verbrennen kann.

Quiz

Ein Quiz ist ein Spiel, bei dem Fragen gestellt werden, die die Mitspieler beantworten müssen. Wer die meisten Fragen richtig beantwortet, hat gewonnen.

Im Fernsehen gibt es häufig Quiz-Sendungen.

Rad

Alle Räder sind rund und drehen sich. Fahrzeuge wie Autos, Fahrräder oder Traktoren können nur deshalb fahren, weil sie Räder haben.

Ein Traktor hat große Räder und ein Kinderwagen hat kleine.

Rakete

Eine Rakete kann vom Erdboden direkt ins Weltall fliegen. Manchmal fliegen Menschen mit der Rakete ins All; diese Menschen nennt man Astronauten.

Eine Rakete macht beim Start viel Lärm.

Radio

Mit dem Radio können wir Musik oder Sprache hören, die der Rundfunksender ausstrahlt. Ein Radio ist ein kleines Gerät aus Metall oder Plastik.

Ich höre mein Lieblingslied oft im Radio.

Ratte

Eine Ratte ist ein Tier, das aussieht wie eine große Maus. Ratten sind sehr schlau.

Viele Ratten leben in der Kanalisation der Stadt.

Raupe

Eine Raupe sieht wie ein pelziger Wurm aus. Wenn sie genug gefressen hat, verwandelt sie sich in einem Kokon zu einem Schmetterling.

Raupen fressen gerne Blätter.

Regenschirm

Mit einem Regenschirm wirst du bei Regenwetter nicht nass. Du hältst den Regenschirm über deinen Kopf.

Manche Regenschirme sind bunt bedruckt und haben schöne Muster oder Bilder.

Regen

Regen besteht aus Wassertropfen, die vom Himmel fallen. Regen kommt aus den Wolken.

Wenn du draußen im Regen stehst, wirst du nass.

Reißverschluss

Ein Reißverschluss verbindet zwei Stoffteile miteinander. Manche Kleidungsstücke haben einen Reißverschluss anstelle von Knöpfen.

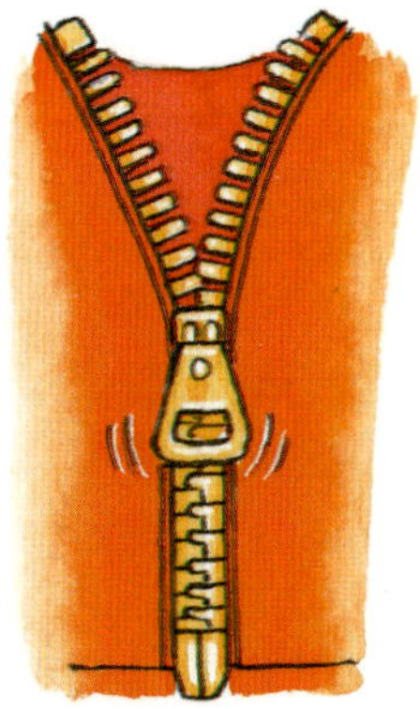

Mit dem Reißverschluss kann ich meine Jacke schnell öffnen und schließen.

Regenbogen

Ein Regenbogen ist ein großer Bogen aus verschiedenen Farben. Du kannst ihn am Himmel sehen, wenn es regnet und gleichzeitig die Sonne scheint.

Kennst du die sieben Farben des Regenbogens?

Rentier

Ein Rentier sieht aus wie ein großer Hirsch. Es lebt in kalten Ländern.

Man sagt, der Weihnachtsmann hätte viele Rentiere.

A B C D E F G H I J K L M N O P Q R S T U V W X Y Z

Riese

Riesen sehen aus wie sehr große Menschen. Riesen kommen in Märchen vor.

Dieser Riese hier ist größer als ein Haus.

Röntgenbild

Ein Röntgenbild ist ein besonderes Foto, auf dem ein Arzt deine Knochen erkennen kann.

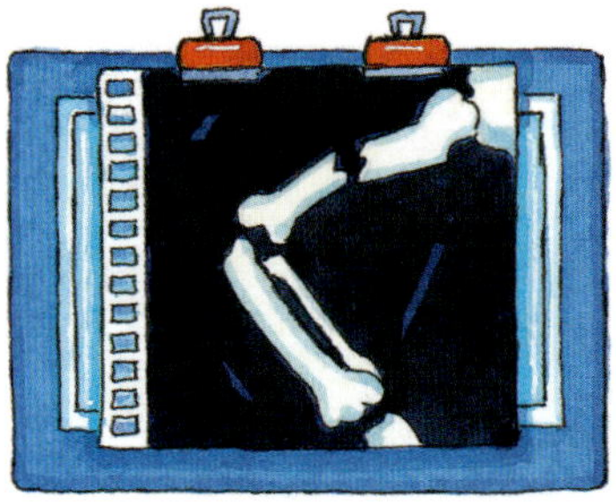

Auf einem Röntgenbild kann man sehen, ob ein Knochen gebrochen ist.

Ring

Ein Ring ist ein dünner Metallkreis, den du am Finger tragen kannst. Männer und Frauen tragen Ringe.

Ein Ring mit einem glitzernden Stein funkelt schön.

Rüssel

Ein Rüssel ist die lange Nase von einem Elefanten. Elefanten benutzen ihren Rüssel, um Wasser oder Nahrung aufzunehmen.

Elefanten können Wasser aus ihrem Rüssel spritzen.

Roboter

Ein Roboter ist eine besondere Maschine. Er kann Dinge tun, die normalerweise ein Mensch erledigen würde. Roboter werden in Fabriken eingesetzt.

Dieser Spielzeug-Roboter kann gehen und sprechen.

Rutsche

Eine Rutsche besteht aus einer hohen Leiter und einem langen, glatten Teil. Du kletterst die Leiter hinauf und rutschst die glatte Fläche hinunter.

Ich mag die große Rutsche auf dem Spielplatz besonders gern.

Ss

Säge
Eine Säge hat einen Griff und ein Sägeblatt aus Metall mit scharfen Zacken an einer Kante. Du benutzt eine Säge, um Holz zu zersägen.

Du brauchst eine große Säge, um einen Baumstamm durchzusägen.

Sandburg
Eine Sandburg ist ein Gebäude, das aus Sand gebaut ist. Zum Bauen füllst du einen Eimer mit nassem Sand und stülpst ihn dann um.

Wenn du eine Sandburg am Strand baust, wird sie später von den Wellen weggespült.

Sandale
Eine Sandale ist ein offener Schuh mit Riemen. Du trägst Sandalen bei warmem Wetter.

Wenn du Sandalen trägst, kannst du deine Zehen sehen.

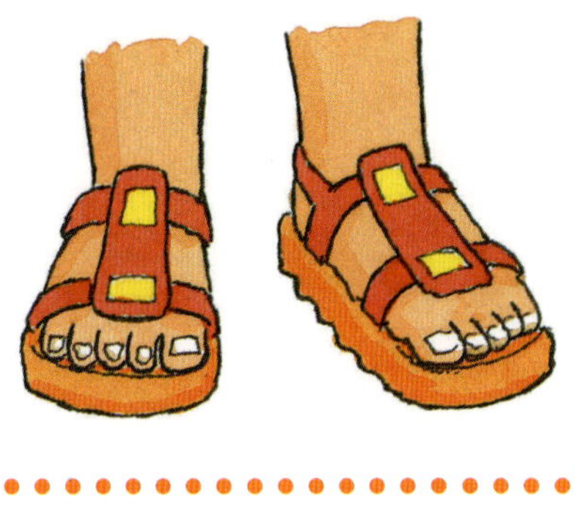

sauber
Wenn etwas sauber ist, ist es nicht dreckig.

Du kannst dein Gesicht mit einem Waschlappen und warmem Wasser sauber machen.

A B C D E F G H I J K L M N O P Q R S T U V W X Y Z

Schaf

Ein Schaf ist ein Tier, das auf dem Bauernhof lebt und ein wolliges Fell hat. Schafe geben uns ihre Wolle, ihre Milch und ihr Fleisch.

Ein Baby-Schaf heißt Lamm.

Schaukel

Eine Schaukel ist eine Sitzfläche, die an zwei Seilen befestigt ist. Du kannst auf einer Schaukel hin und her schwingen.

Vergiss nicht, dich gut festzuhalten, wenn du schaukelst!

Schal

Ein Schal ist ein langes Stück Stoff, das du um den Hals trägst. Er hält dich warm.

Trägst du einen Schal, wenn es draußen kalt ist?

Schere

Eine Schere hat zwei Klingen, die miteinander verbunden sind. Du benutzt eine Schere, um Papier, Haare oder auch andere Dinge zu schneiden.

Du kannst mit einer Schere ein Blatt Papier in Stücke zerschneiden.

Schalter

Mit einem Schalter schaltest du etwas an oder aus.

Das Licht geht an oder aus, wenn du auf den Lichtschalter drückst.

Schildkröte

Eine Schildkröte ist ein Tier mit einem dicken Panzer, aus dem nur die Beine und der Kopf herausschauen. Schildkröten können sich in ihrem Panzer verstecken.

Schildkröten sind sehr langsame Tiere.

Schlafanzug

Ein Schlafanzug besteht aus einer Hose und einem Oberteil. Du ziehst ihn zum Schlafen an.

Welche Farbe hat dein Lieblings-schlafanzug?

schlafen

Wenn du schläfst, hast du die Augen geschlossen. Du merkst dann nicht, was um dich herum passiert.

Du schläfst nachts in deinem Bett.

Schlange

Eine Schlange ist ein Tier mit einem langen dünnen Körper. Sie hat keine Beine und gleitet über den Boden.

Eine Schlange kann ihren Körper um einen Ast wickeln.

Schlüssel

Du brauchst einen Schlüssel, um eine Tür, die abgeschlossen ist, öffnen zu können. Schlüssel sind meistens aus Metall.

Du musst den Schlüssel im Schloss drehen, um die Tür zu öffnen.

Schmetterling

Ein Schmetterling ist ein fliegendes Insekt. Er hat schöne farbige Flügel.

Ein Schmetterling sitzt manchmal im Sonnenschein auf einem Blatt und öffnet seine Flügel.

schmutzig

Wenn etwas schmutzig ist, ist es nicht sauber.

Wenn deine Schuhe mit Matsch bedeckt sind, sind sie schmutzig.

Schnecke

Eine Schnecke ist ein Tier mit einem Gehäuse auf dem Rücken. Eine Schnecke bewegt sich sehr langsam.

Manchmal zieht sich eine Schnecke in ihr Haus zurück, dann kannst du sie nicht mehr sehen.

schnell

Wenn du schnell bist, tust du etwas in kurzer Zeit. Schnell ist das Gegenteil von langsam.

Wenn du sehr schnell läufst, kannst du beim Wettrennen gewinnen.

Schneemann

Ein Schneemann ist eine Figur aus Schnee. Wenn viel Schnee liegt, kannst du einen Schneemann aus großen Schneekugeln bauen.

Dieser Schneemann trägt einen Hut und hat eine Möhre als Nase.

Schokolade

Schokolade ist eine Süßigkeit. Sie besteht aus Kakao und Zucker.

Schokolade schmilzt und wird klebrig, wenn du sie zu lange in den Händen hältst.

schneiden

Du schneidest etwas, um es zu teilen oder um es zu öffnen. Du kannst mit einem Messer oder einer Schere schneiden.

Soll ich die Pizza in sechs Stücke schneiden?

schreiben

Wenn du schreibst, »malst« du Wörter oder Buchstaben auf Papier. Du kannst mit einem Bleistift oder einem Füller schreiben.

Anna schreibt gerne in ihr Tagebuch.

Schreibtisch

Ein Schreibtisch ist ein Tisch mit Schubladen. Manchmal steht auch ein Computer auf dem Schreibtisch.

Maria sitzt am Schreibtisch, um ihre Hausaufgaben zu machen.

schreien

Schreien bedeutet, ganz laut zu rufen. Man schreit, wenn man Hilfe braucht oder wenn man sich streitet.

Schreist du auch manchmal jemanden an?

Schuhe

Schuhe halten deine Füße warm und trocken. Schuhe haben verschiedene Farben und Größen.

Wie viele Paar Schuhe hast du?

Schwan

Ein Schwan ist ein großer, weißer Vogel mit einem langen Hals. Er lebt in Seen und Flüssen. Schwäne haben große, starke Flügel.

Schwäne sehen sehr stolz aus.

Schwein

Ein Schwein ist ein Tier, das auf dem Bauernhof lebt. Es hat einen Ringelschwanz und kurze Beine.

Die meisten Schweine sind rosa. Es gibt aber auch braune oder schwarze Schweine.

Seehund

Ein Seehund ist ein Tier, das im Meer und an Land lebt. Er hat Flossen, um schwimmen zu können.

In sehr kalten Gegenden leben Seehunde auf dem Eis.

Seestern

Ein Seestern ist ein Tier, das im Meer lebt. Er hat fünf Arme und sieht aus wie ein Stern.

Hast du schon einmal einen Seestern am Strand gefunden?

Sessel

Ein Sessel ist ein Möbelstück, auf dem man sitzen kann. Die meisten Sessel haben vier Beine, zwei Armlehnen und eine Rückenlehne.

Es ist gemütlich, in einem Sessel zu sitzen.

Segel

Ein Segel ist ein Stück Stoff an einem Boot. Wenn der Wind gegen das Segel bläst, bewegt sich das Boot.

Segel sind meistens weiß, aber manchmal sind sie auch bunt.

Sicherheitsgurt

Ein Sicherheitsgurt ist ein spezieller Riemen im Auto oder im Flugzeug. Bei einem Unfall bewahrt er dich vor Verletzungen.

Wenn du im Auto sitzt, musst du dich immer anschnallen.

Seife

Du benutzt Seife, um dich oder andere Dinge zu waschen. Du benutzt Seife zusammen mit Wasser. Seifen riechen oft süß.

Es entstehen Blasen, wenn du dir mit Wasser und Seife die Hände wäschst.

Skelett

Ein Skelett ist das Knochengerüst eines Körpers. Menschen und viele Tiere haben ein Skelett.

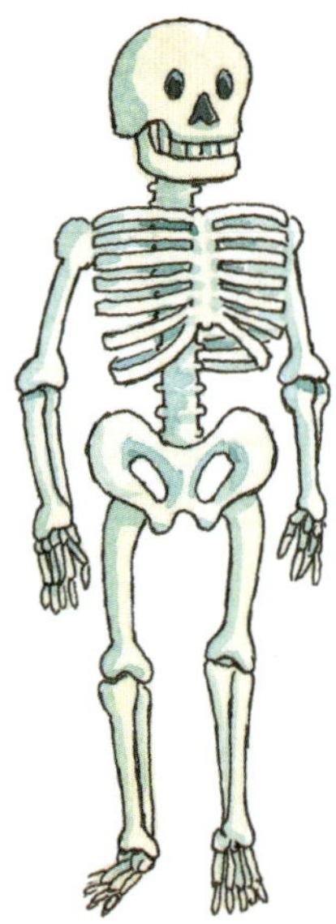

Dein Skelett besteht aus über 200 Knochen.

Socken
Du trägst Socken an den Füßen. Sie sind aus weicher Wolle. Bevor du deine Schuhe anziehst, ziehst du dir Socken an.

Manche Socken sind bunt und schön gemustert.

Spiegel
Ein Spiegel ist eine besondere Glasscheibe. Du kannst dich selbst darin sehen.

Du kannst in den Spiegel schauen und dir darin zuwinken.

Sonne
Die Sonne scheint tagsüber. Sie wärmt und gibt uns Licht.

Die Sonne sieht aus wie ein großer gelber Ball am Himmel.

Spielzeug
Spielzeug sind Sachen, mit denen Kinder spielen. Puppen, Bauklötze, Eisenbahnen und Bälle sind Spielzeug.

Spielzeug wird oft in Spielzeugkisten aufbewahrt.

Spaghetti
Spaghetti kann man essen. Sie sehen aus wie lange Schnüre. Vor dem Kochen sind sie hart. Sie werden beim Kochen weich.

Es ist nicht einfach, Spaghetti zu essen.

Spinne
Eine Spinne ist ein kleines Tier mit acht Beinen. Eine Spinne macht ein Netz, um Fliegen zu fangen und um diese dann zu fressen.

Manche Leute haben Angst vor Spinnen, aber die meisten Spinnen sind ganz harmlos.

springen
Springen bedeutet so hoch zu hüpfen, dass deine Füße den Boden nicht mehr berühren.

Springst du gerne auf einem Trampolin?

Stern
Ein Stern ist ein kleines helles Licht am Himmel. Nachts, wenn es dunkel ist, kannst du viele Sterne am Himmel sehen.

Es gibt so viele Sterne am Himmel, dass man sie nicht zählen kann.

Spülbecken
Das Spülbecken ist ein Platz in der Küche, an dem das schmutzige Geschirr abgewaschen wird. Du füllst das Spülbecken mit warmem Wasser aus dem Wasserhahn.

Wäschst du manchmal das schmutzige Geschirr ab?

Stift
Ein Stift ist ein dünner Holzstab, der innen mit einem schwarzen oder bunten Material gefüllt ist. Du benutzt einen Stift zum Malen oder Schreiben.

Du kannst einen Stift benutzen, um einen Brief zu schreiben.

Staubsauger
Ein Staubsauger ist ein Gerät, das Dreck vom Boden oder Teppich entfernt. Er erspart dir viel Arbeit.

Du kannst schnell sauber machen, wenn du einen Staubsauger benutzt.

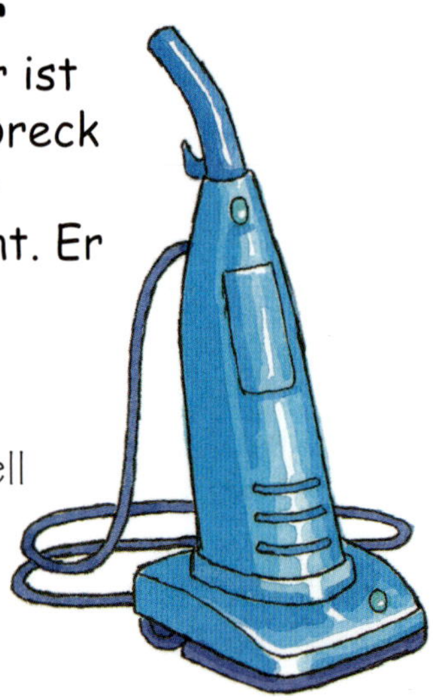

Streichhölzer
Ein Streichholz ist ein schmales Stöckchen, das eine Flamme entzündet. Dafür streichst du mit der dicken Seite des Streichholzes an der rauen Fläche der Schachtel entlang.

In einer Streichholzschachtel sind viele Streichhölzer.

Tafel

In der Schule steht in jedem Klassenraum eine Tafel. Der Lehrer schreibt etwas an die Tafel, damit alle Schüler es lesen können.

Du brauchst Kreide, um auf der Tafel zu schreiben.

Taschenrechner

Ein Taschenrechner ist eine kleine Rechenmaschine. Sie kann sehr schnell rechnen.

Ein Taschenrechner ist sehr nützlich, wenn du viele Zahlen zusammenrechnen musst.

Tasche

In eine Tasche kannst du Dinge hineintun, um diese besser tragen zu können. Taschen können verschieden groß sein. Manche Jacken oder Hosen haben auch Taschen.

Es gibt große Reisetaschen und kleine Handtaschen.

Tasse

Eine Tasse ist eine kleine Schale mit einem Henkel. Man trinkt daraus Getränke wie Tee, Kakao oder Kaffee.

Zu einer Tasse gehört meistens eine Untertasse.

a b c d e f g h i j k l m n o p q r s t u v w x y z

Teddybär

Ein Teddybär ist ein Schmusetier. Er kann groß oder klein sein und ist meistens kuschelig.

Mein Teddy schläft nachts bei mir im Bett.

Teller

Ein Teller ist rund und flach oder tief. Du isst von ihm. Teller sind verschieden groß.

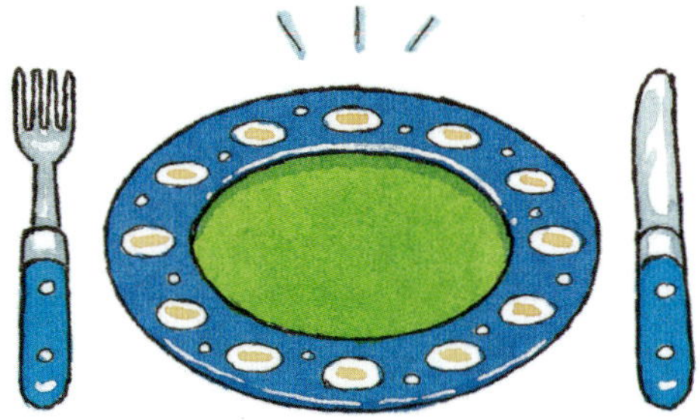

Manche Teller sind mit schönen Farben und Mustern verziert.

Telefon

Ein Telefon ist ein Gerät, das dir ermöglicht, mit Menschen zu sprechen, die weit weg sind.

Wenn dein Telefon klingelt, weißt du, dass jemand mit dir sprechen möchte.

Teppich

Ein Teppich ist ein gewobenes Stück Stoff, das man auf den Boden legt. Wenn ein Teppich auf dem Boden liegt, werden deine Füße nicht kalt.

Hast du einen Teppich in deinem Zimmer?

Teleskop

Durch ein Teleskop kannst du Dinge sehen, die sehr weit weg sind. Dafür schaust du durch ein langes dünnes Rohr.

Durch ein Teleskop kannst du die Sterne besser erkennen.

Thermometer

Ein Thermometer zeigt an, wie kalt oder warm etwas ist. Wenn du krank bist, kann man mit einem Thermometer deine Körpertemperatur messen.

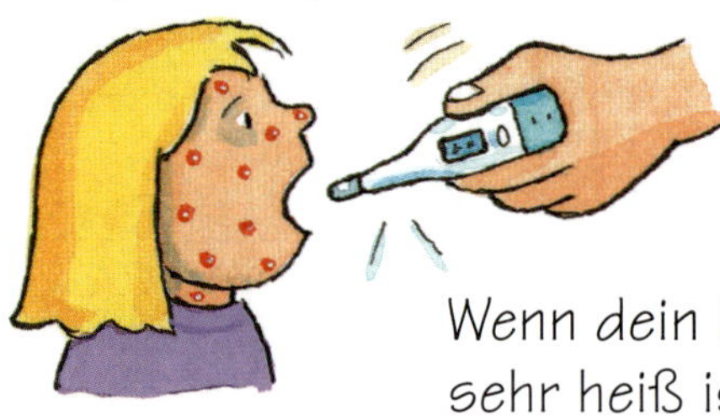

Wenn dein Körper sehr heiß ist, dann hast du Fieber.

Tier
Ein Tier ist lebendig und kann sich bewegen. Pflanzen sind keine Tiere.

Affen, Papageien und Schlangen sind Tiere.

Tisch
Ein Tisch hat eine glatte Oberfläche und meistens vier Beine. Du sitzt an einem Tisch, um zu essen.

Was siehst du auf diesem Tisch?

Tierarzt
Ein Tierarzt ist ein Arzt, der sich um Tiere kümmert.

Wenn deine Katze krank ist, kann dir der Tierarzt sagen, wie sie wieder gesund wird.

Tomate
Eine Tomate ist eine weiche, runde Frucht. Tomaten sind rot. Sie wachsen an kleinen Sträuchern.

Du kannst Tomaten klein schneiden und sie dann mit Salat essen.

Tiger
Ein Tiger ist eine große Raubkatze mit einem gestreiften Fell.

Ein Tiger ist ein gefährliches Tier.

Topf
Ein Topf ist ein Behälter mit einem Deckel. Man braucht Töpfe zum Kochen.

In eurer Küche gibt es viele verschieden große Töpfe.

a b c d e f g h i j k l m n o p q r s t u v w x y z

A B C D E F G H I J K L M N O P Q R S T U V W X Y Z

Traktor
Ein Traktor ist ein Fahrzeug mit großen Rädern. Er kann schwere Ladungen oder Anhänger ziehen.

Ein Bauer fährt mit seinem Traktor über die Felder.

trocken
Trocken ist nicht nass.

Du bleibst trocken, wenn du bei Regenwetter einen Regenschirm dabeihast.

traurig
Wenn jemand traurig ist, ist er nicht froh. Du fühlst dich nicht gut, wenn du traurig bist.

Manchmal muss man auch weinen, wenn man traurig ist.

Trommel
Eine Trommel ist ein Musikinstrument. Man schlägt mit zwei Schlägeln auf die Trommel, um zu trommeln.

Ich mache eine Menge Krach, wenn ich auf meiner Trommel spiele.

Treppe
Eine Treppe besteht aus Stufen, die man hinaufsteigt. Du musst eine Treppe raufgehen, wenn du in Räume gelangen willst, die in oberen Stockwerken sind.

Abends, auf dem Weg ins Bett, gehe ich sehr langsam die Treppe hoch.

Trompete
Eine Trompete ist ein Musikinstrument. Es ist aus Metall gemacht. Man bläst an einem Ende hinein und auf der anderen Seite kommt ein Ton heraus.

Um Trompete spielen zu können, musst du sehr kräftig pusten können.

Unfall

Bei einem Unfall wird jemand verletzt oder es entsteht sonst irgendein Schaden.

Wenn zwei Autos zusammenstoßen, nennt man das einen Verkehrsunfall.

U-Boot

Ein U-Boot ist ein Boot, das unter Wasser fahren kann.

Ein U-Boot kann sehr tief tauchen.

Uniform

Eine Uniform ist eine Dienstkleidung. Soldaten, Polizisten und Feuerwehrleute tragen eine Uniform.

In manchen Ländern tragen die Kinder eine Schuluniform.

Uhr

Eine Uhr ist ein Gerät, das dir anzeigt, wie spät es ist. Die Uhrzeiger zeigen dafür auf die richtigen Zahlen.

Kannst du schon die Uhr lesen?

Urwald

Ein Urwald ist ein Wald, der noch nicht von Menschen verändert wurde. Pflanzen bilden ein undurchdringliches Dickicht.

Die meisten Urwälder gibt es in sehr heißen Ländern.

Vogel
Ein Vogel ist ein Tier mit Federn, zwei Flügeln und zwei Beinen. Die meisten Vögel können fliegen. Vögel legen Eier.

Wenn du in eurem Garten oder auf dem Balkon Körner aufhängst, kommen kleine Vögel dorthin, um sie zu fressen.

Vase
In eine Vase kannst du Wasser füllen und einen Blumenstrauß hineinstellen. Meistens ist eine Vase schmal und hoch.

Wenn du Blumen pflückst, müssen sie in einer Vase im Wasser stehen, sonst verwelken sie.

Vogelscheuche
Eine Vogelscheuche ist eine große, lustige Strohpuppe auf einem Stock. Vogelscheuchen verjagen die Vögel von Feldern und Beeten, auf denen Samen ausgesät wurden.

Vogelscheuchen tragen häufig alte Kleidungsstücke.

Viertel
Wenn du etwas in vier gleichgroße Teile teilst, ist jedes Teil ein Viertel.

Man kann Äpfel gut in vier Teile aufteilen.

voll
Wenn etwas voll ist, dann ist innen kein Platz mehr. In ein volles Glas kannst du nichts mehr hineinfüllen.

Dein Glas ist voll, wenn der Orangensaft genau bis zum Rand reicht.

Ww

Waage
Du brauchst eine Waage, um herauszufinden, wie schwer eine Person oder eine Sache ist.

Wenn du einen Kirschkuchen backen willst, musst du die richtige Menge an Kirschen auf der Waage abwiegen.

Wäscheklammer
Eine Wäscheklammer ist entweder aus Holz oder aus Plastik. Du brauchst Wäscheklammern, um Wäsche an der Wäscheleine zu befestigen.

Wenn du keine Wäscheklammern benutzt, kann die Wäsche wegfliegen.

wach
Wenn du wach bist, dann schläfst du nicht. Deine Augen sind geöffnet und du weißt, was um dich herum geschieht.

Wachst du morgens schnell und fröhlich auf?

waschen
Du wäschst etwas, um es sauber zu machen. Du wäschst deine Hände mit Wasser und Seife, um Schmutz abzuwaschen.

Hilfst du manchmal, euer Auto zu waschen, damit es wieder sauber wird?

Wasser

Wasser ist eine klare Flüssigkeit. Wasser fällt vom Himmel als Regen und sammelt sich in Seen und Flüssen.

Wasser aus dem Wasserhahn schmeckt nach nichts, aber Meerwasser ist salzig.

weinen

Du weinst, wenn du dir weh getan hast oder wenn du traurig bist.

Wenn du weinst, laufen dir Tränen über das Gesicht.

Werkstatt

Eine Werkstatt ist eine große Halle, in der gearbeitet wird. In einer Autowerkstatt werden Autos repariert.

Warst du schon einmal in einer Autowerkstatt?

Wind

Wind ist Luft, die sich bewegt. Ein starker Wind weht Sachen weg.

Der Wind hilft, die nasse Wäsche zu trocknen.

Wolkenkratzer

Manche Hochhäuser sind sehr hoch. Dann sieht es so aus, als ob sie die Wolken berühren könnten.

Die meisten Wolkenkratzer stehen im Zentrum von Großstädten.

wütend

Jemand, der wütend ist, ist aufgeregt und schlecht gelaunt.

Baby-Bär ist wütend, weil jemand sein Essen aufgegessen hat.

x und y gibt es ganz selten, aber in manchen Wörtern sind sie versteckt.

Xylophon

Ein Xylophon ist ein Musikinstrument. Es besteht aus mehreren unterschiedlich dicken, rechteckigen Holzstücken, auf die du mit zwei Schlägeln haust.

Kannst du ein Lied auf einem Xylophon spielen?

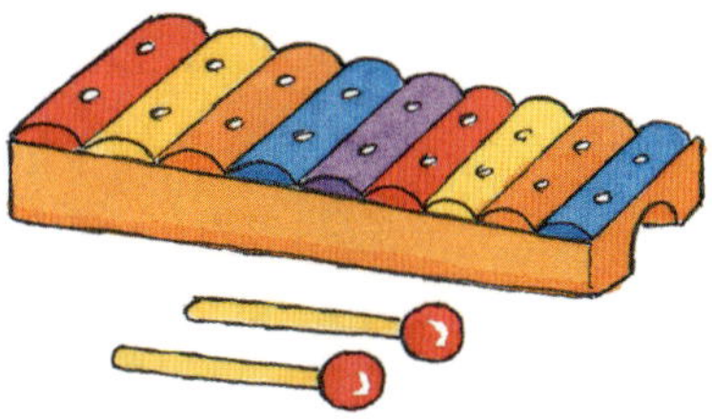

Pony

Ein Pony ist ein kleines Pferd. Alle Pferde, die kleiner sind als 1.50 m, nennt man Pony.

Bist du schon einmal auf einem Pony geritten?

Taxi

Ein Taxi ist ein Auto. Ein Taxifahrer fährt dich dorthin, wohin du möchtest. Du musst dafür Geld bezahlen.

Taxis haben ein schwarz-gelbes Schild auf dem Dach.

Pyramide

Eine Pyramide ist eine besondere Form. Auf einer quadratischen Grundfläche befinden sich vier dreieckige Seitenflächen, die gemeinsam eine Spitze ergeben.

In Ägypten gibt es große Bauten, die diese Form haben.

Zauberer

Ein Zauberer ist jemand, der Dinge verwandeln kann. Zauberer kommen in Märchen vor.

Ein Zauberer braucht zum Zaubern einen Zauberstab.

Zahl

Eine Zahl sagt dir, wie viel du von etwas hast. Zahlen brauchst du, um zählen zu können.

Kannst du auf diesem Bild die Zahl Fünf erkennen?

Zebra

Ein Zebra ist ein Tier, das in Afrika lebt. Es sieht aus wie ein Pferd mit schwarzen und weißen Streifen.

Zebras fressen gerne Gras.

Zahnarzt

Ein Zahnarzt ist jemand, der nachschaut, ob deine Zähne gesund sind. Ein Zahnarzt kann dich von Zahnschmerzen befreien.

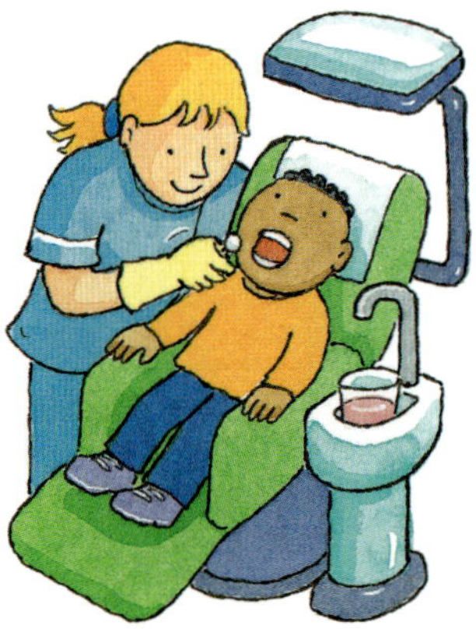

Beim Zahnarzt sitzt du auf einem großen Stuhl.

Zitrone

Eine Zitrone ist eine saure gelbe Frucht. Zitronen wachsen in warmen Ländern an Bäumen.

Limonade ist ein Getränk, das man aus Zitronen macht.

Das Alphabet

Aa wie Apfel

Bb wie Banane

Cc wie Clown

Dd wie Drache

Ee wie Elefant

Ff wie Fee

Gg wie Geige

Hh wie Hexe

Ii wie Igel

Jj wie Jojo

Kk wie Kuchen

Ll wie Löwe

Mm wie Mond

Nn wie Nest

Oo wie Orange

Pp wie Pizza

Qq wie Qualle

Rr wie Regenbogen

Ss wie Sandburg

Tt wie Teddy

Uu wie Uhr

Vv wie Vogel

Ww wie Würfel

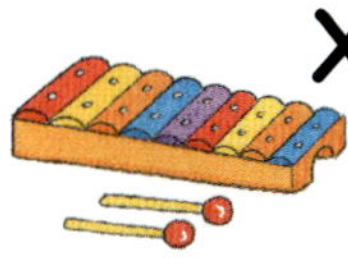

Xx wie Xylophon

Yy wie in Pony

Zz wie Zebra

Zahlen

1

2

3

4

5

6

7

8

9

10

11 

12 

13 

14 

15 

16 

17 

18 

19 

20 

Farben

grün

rosa

rot

grau

orange

braun

weiß

schwarz

blau

gelb

lila

Formen

Quadrat

Rechteck

Dreieck

Kreis

Ellipse

Herz

Stern

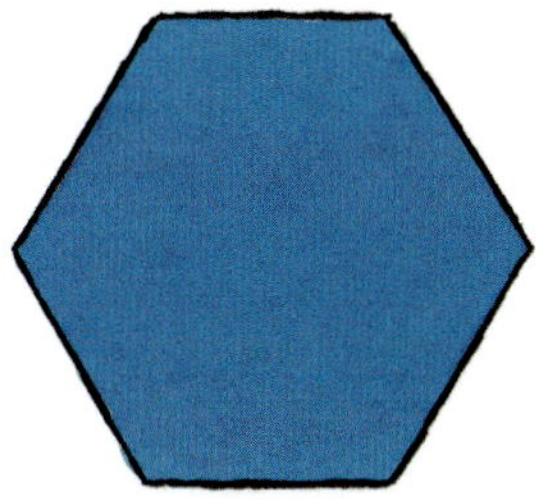
Sechseck

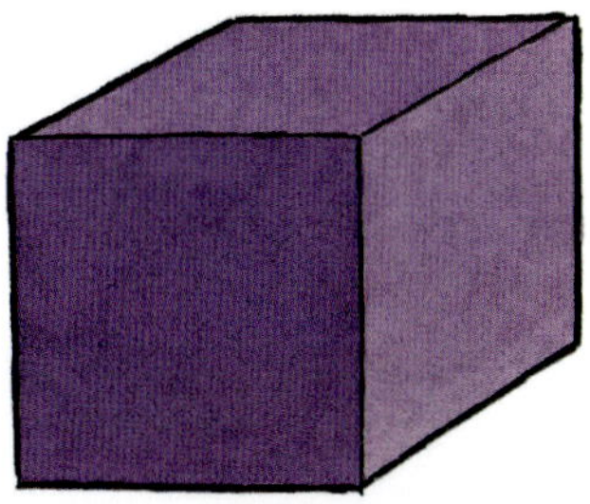
Würfel

Quader

Zylinder

Kegel

Kugel

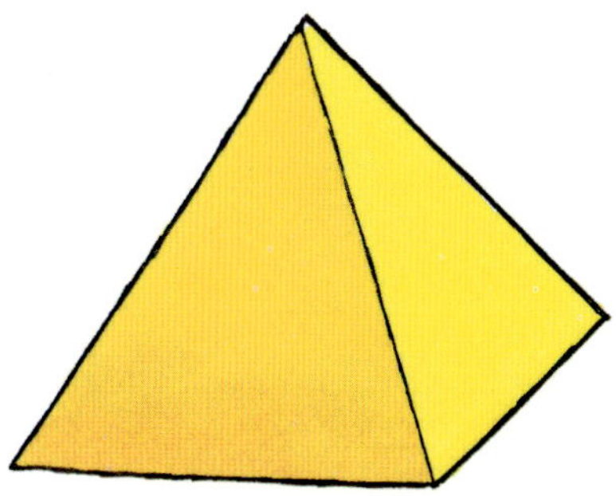
Pyramide

Gegensätze

aufwachen

einschlafen

nass

trocken

zu groß

zu klein

leer

voll

dick

dünn

alt

neu

offen

geschlossen

hoch
tief

raus
rein

rauf
runter

drüber
drunter

oben
unten

dahinter
davor

a  b  c

 f  g 

l  m  n

 q  r 

v  w  x